MW01156829

Francesco Tonucci

CON OJOS DE NIÑO

Tonucci, Francesco
Con ojos de niño. - 1ª ed. - Buenos Aires: Losada, 2005. - 168 p.; 22 x 15 cm.

Traducido por: Fabricio Caivano

ISBN 950-03-9376-X

1. Pedagogía. I. Caivano, Fabricio, trad. II. Título
CDD 370.1

Título original: *Con gli occhi del bambino*

Esta edición ha sido realizada con la colaboración
de Fabricio Caivano, para la traducción castellana, y de
Josep Pujol Mas, para el diseño gráfico.

1ª edición: junio de 2005

Queda hecho el depósito que marca la ley 11.723
Libro de edición argentina
Impreso en la Argentina - *Printed in Argentina*

(1973) El niño, al que se mira siempre desde arriba

A Gianni Rodari

Este libro nació por vez primera en 1980, y recoge la mayor parte de las viñetas que dibujé desde el 68; se trata de un libro que me regalé a mí mismo cuando cumplí cuarenta años. Fue un regalo importante, y tenía que presentarlo un amigo muy querido e importante, Gianni Rodari. Pero Gianni, por unos pocos meses, no tuvo tiempo de escribir la presentación, y espero que no parezca retórico si este libro, que ensaya una vía de fantasía para comunicar cosas importantes, al igual que sus cuentos, se lo dedique a él, a Gianni Rodari, en agradecimiento a su valentía en inventar, a su propuesta difícil y revolucionaria dirigida a nuestra sociedad consumista y perezosa: descubrir y utilizar la fantasía.

Imagino que Gianni habría presentado este libro escribiendo una poesía. Yo he elegido una de su último libro de la «Biblioteca di Lavoro». *Parole per giocare* (que tuve el placer de ilustrar), esperando que mis dibujos muestren una oreja bastante… verde.

Francesco Tonucci

Un señor maduro con una oreja verde

Un día, en el expreso Soria-Monteverde,
vi subir a un hombre con una oreja verde.

Ya joven no era, sino maduro parecía,
salvo la oreja, que verde seguía.

Me cambié de sitio para estar a su lado
y observar el fenómeno bien mirado.

Le dije: Señor, usted tiene ya cierta edad;
dígame, esa oreja verde, ¿le es de alguna utilidad?

Me contestó amablemente: Yo ya soy persona vieja,
pues de joven sólo tengo esta oreja.

Es una oreja de niño que me sirve para oír
cosas que los adultos nunca se paran a sentir:

oigo lo que los árboles dicen, los pájaros que cantan,
las piedras, los ríos y las nubes que pasan.

Así habló el señor de la oreja verde
aquel día, en el expreso Soria-Monteverde.

Gianni Rodari

EL NACIMIENTO

(1977) Un consultorio para comprender

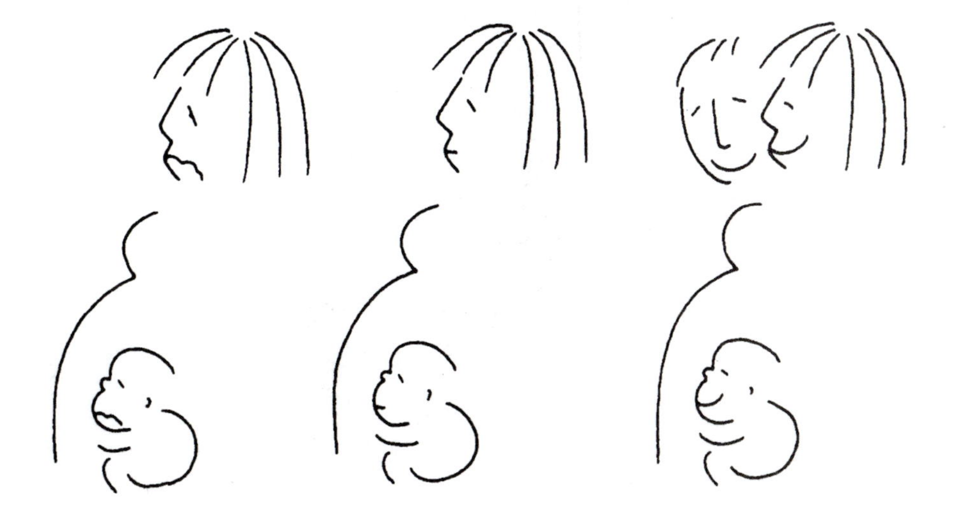

(1977) Si la madre está bien, el niño está bien

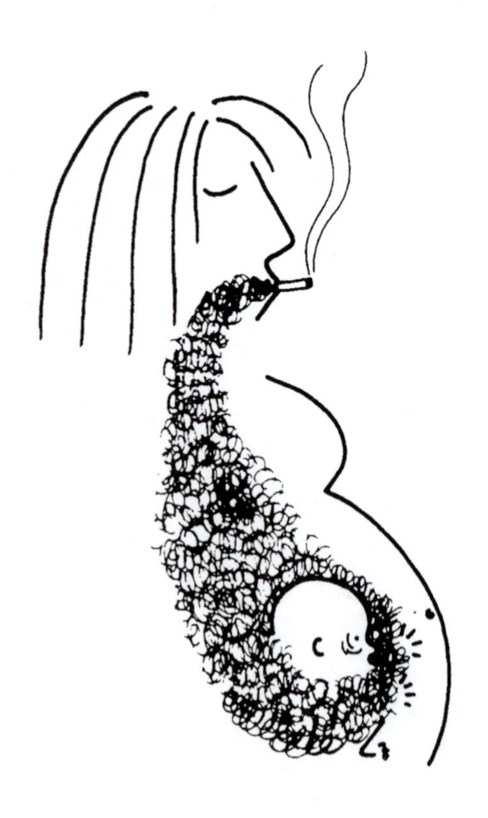

(1976) El humo perjudica

ESPERO UN NIÑO.

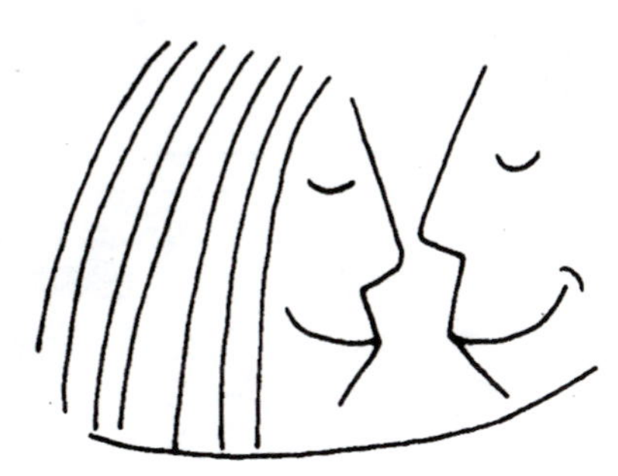
LO LLAMAREMOS LUCAS, QUE SUENA BIEN... NO, MEJOR UN NOMBRE IMPORTANTE, COMO FEDERICO JOSÉ, ALEJANDRO, MIGUEL ÁNGEL O FERNANDO... QUIZAS UN NOMBRE DE ARTISTA... SALVADOR..., O PABLO...

1

VROOM
VIVA LA
LIBERTAD
SU REFUGIO... SUS JUGUETES.

SERÁ MÉDICO O PROFESOR, INGENIERO O ARQUITECTO... A LO MEJOR EMPRESARIO.

2

AHHHHHH
OOOOOOO
MAMMAAA
AAHH
NGHE'EEE
UA UA UA
NGHÈ
UA UA UA
UA
UAAA
UÈ UÈ
UA UA UA

3

ES UNA HERMOSA NIÑA. ¡FELICIDADES!
¿NIÑA?
4

OH, QUÉ BIEN... ¡SÍ, UNA HERMOSA NIÑA...

LA LLAMAREMOS MARÍA... COMO MI POBRE MAMÁ.

5

(1975) ...si es niña...

(1976) Si...

(1976) La violencia del nacimiento

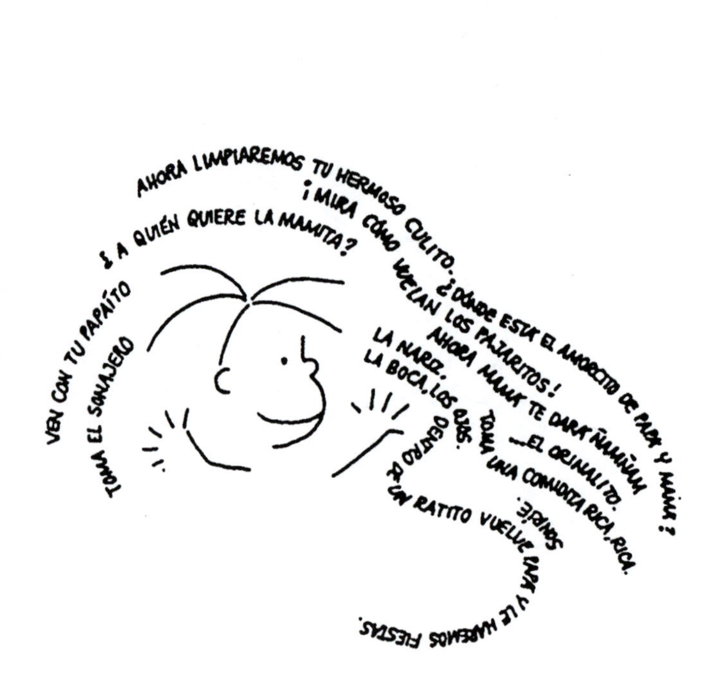

AHORA LIMPIAREMOS TU HERMOSO CULITO.
¡MIRA CÓMO VUELAN LOS PAJARITOS!
¿A QUIÉN QUIERE LA MAMITA?
¿DÓNDE ESTÁ EL AMORCITO DE PAPÁ Y MAMÁ?
VEN CON TU PAPAÍTO
TOMA EL SONAJERO
LA NARIZ.
LA BOCA, LOS OJOS.
AHORA MAMÁ TE DARÁ ÑAMÑAM
...EL ORINALITO.
TOMA UNA COMIDITA RICA, RICA.
SONRÍE.
DENTRO DE UN RATITO VUELVE PAPÁ Y LE HAREMOS FIESTAS.

LOS PRIMEROS DÍAS

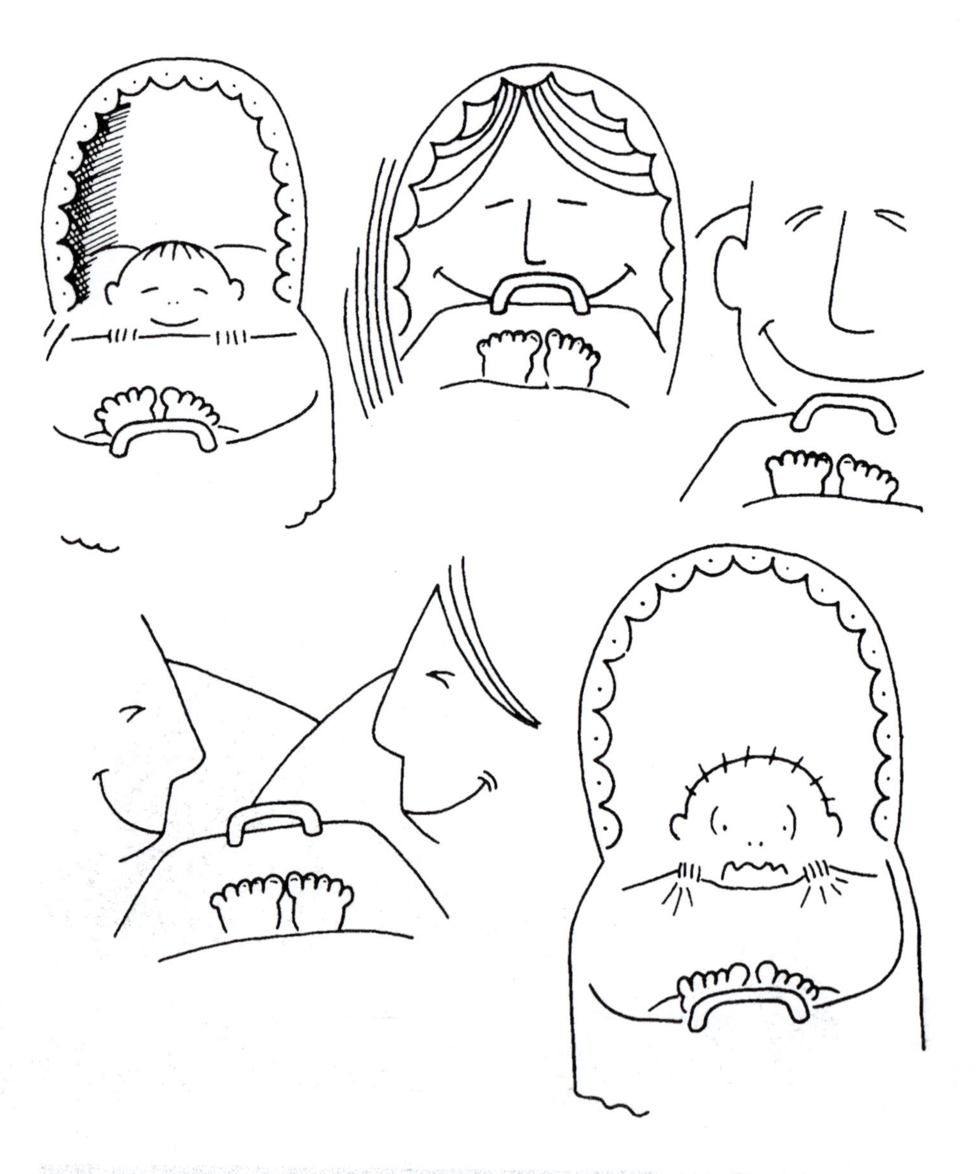

(1974) Los primeros contactos

(1976) El parque

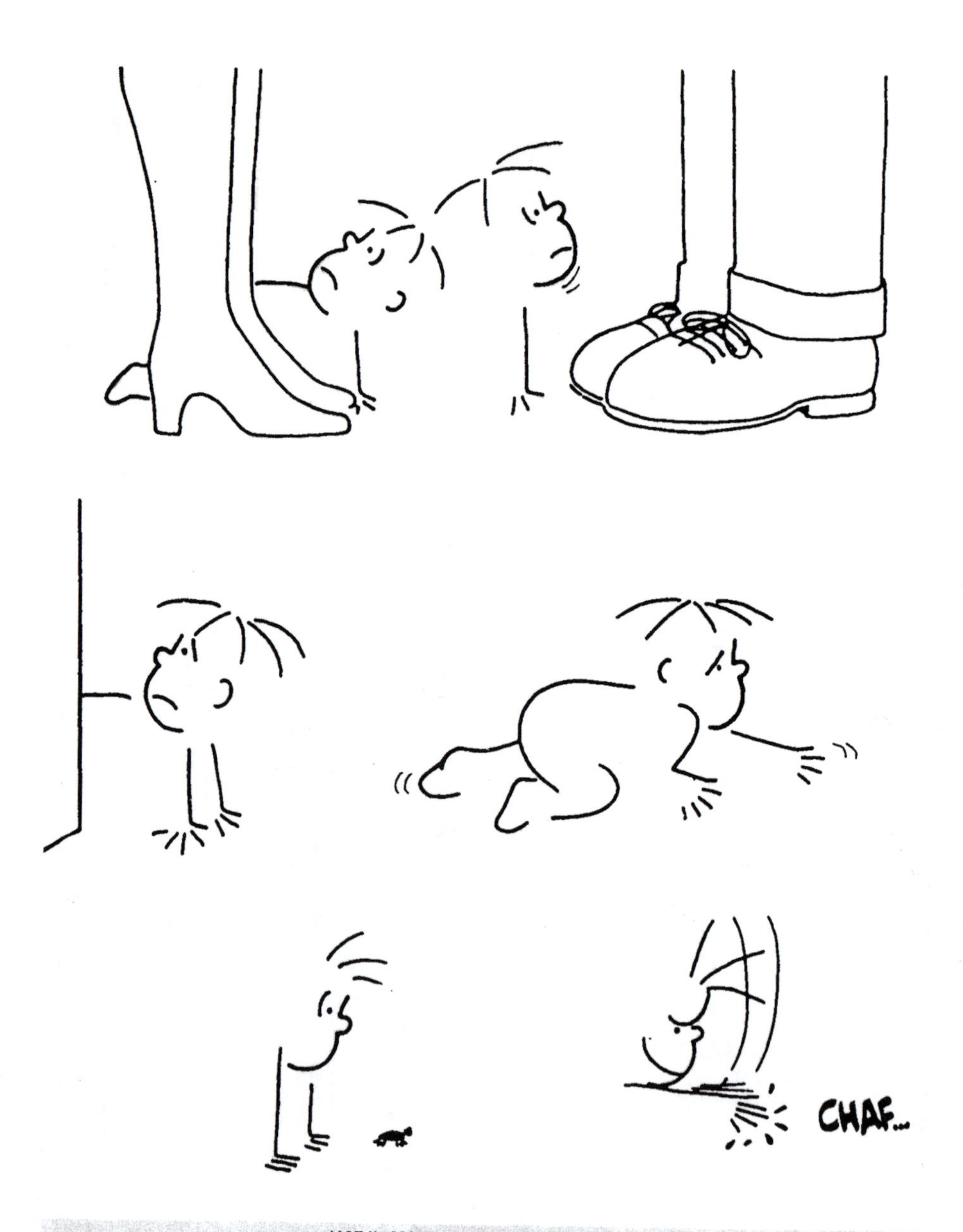

(1974) Más grande... más pequeño

(1974) El difícil camino de la autonomía. 1

(1979) Las primeras palabras

y entonces, en la selva misteriosa, Tarzán se enfrentó con el león y...

(1979) Es importante que a los niños se les lea

(1975) La piel: límite entre yo y el mundo

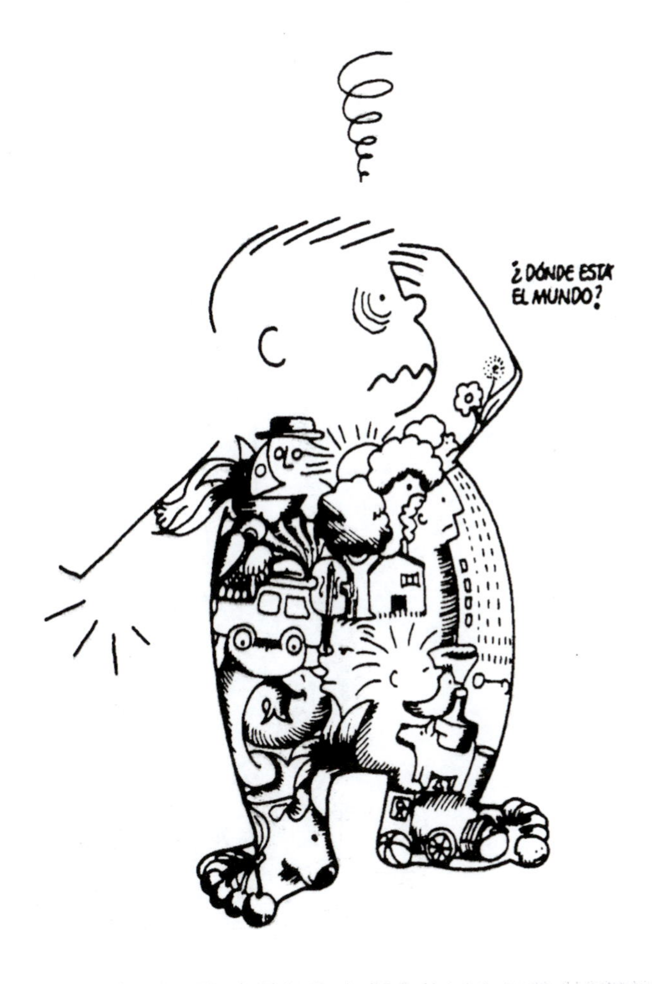

(1975) Desconocer los propios límites no permite una relación con los demás

VOY A LA

GUARDERÍA

(1976) La guardería no es un perchero

(1980) Una guardería para estar juntos

(1980) El espejo

(1980) El cambio de ropa

SERÉ MAYOR

(1974) La caca. 1

(1974) El difícil camino de la autonomía. 2

¡¡MI CACA!!

(1968) La caca. 2

1

(1970)

(1968) ¿Dónde está?

(1970) ¿Cómo se hace?

(1968) ¿Dónde nace?

(1968) ¿Cómo sale?

(1969) La colita

(1969)

(1968) **Revancha. 1**

(1968) Revancha. 2

(1968) Revancha. 3

(1976) Y... la suerte está echada

(1969) ...ni siquiera piensa en eso...

(1969) Las porquerías

(1977) Juegos de chicos

(1971) Los juguetes... de verdad

(1975) Juegos de chicas

(1974)

MAMÁ, TE QUIERO MUCHO

¡SIÉNTATE Y MIRA QUÉ MARAVILLA!

(1980) Cuando los juguetes juegan solos

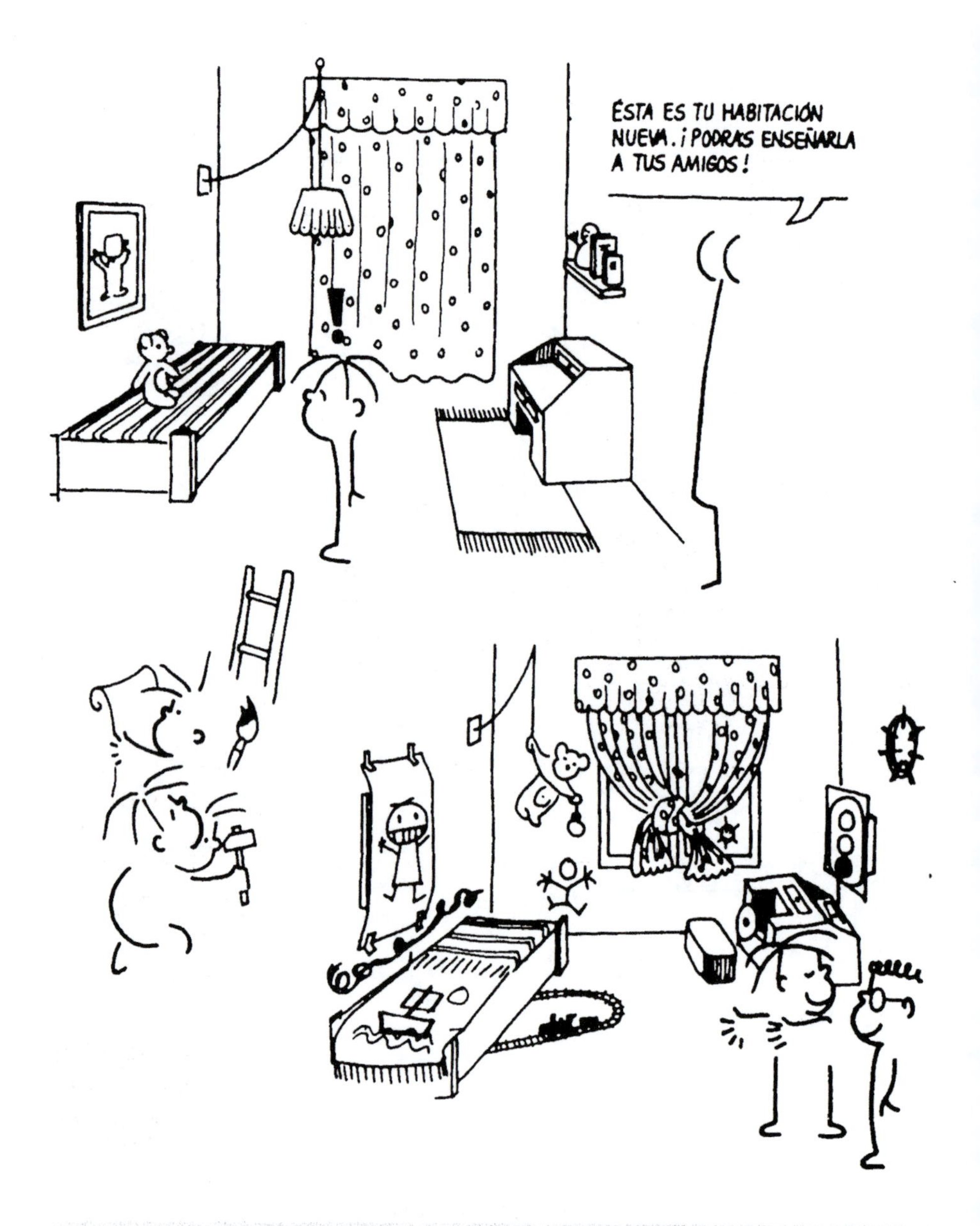

(1969) Su habitación

(1980) El fin de un mito

(1978) El niño construye su autonomía sobre las pequeñas operaciones cotidianas

(1976) La vestimenta

LA MATERNAL

(1975) El primer día de clase: el encuentro

(1979) Conocerse para estar mejor juntos

(1969) Las bolitas

(1976) Entre casa y escuela

(1978) 100.000 granos de arroz de colores

NO REDONDO
NO CUADRADO
NO ROJO
NO PEQUEÑO
DAME UNO NO PEQUEÑO, NO AMARILLO, NO AZUL, NO TRIANGULAR, NO CUADRADO
¡BIEN!
¡HOLA, MAMÁ!
¡HOLA!
¿QUÉ QUIERES MERENDAR?
UN BOCADILLO.
NO PEQUEÑO
NO LARGO
NO SOLO
NO...

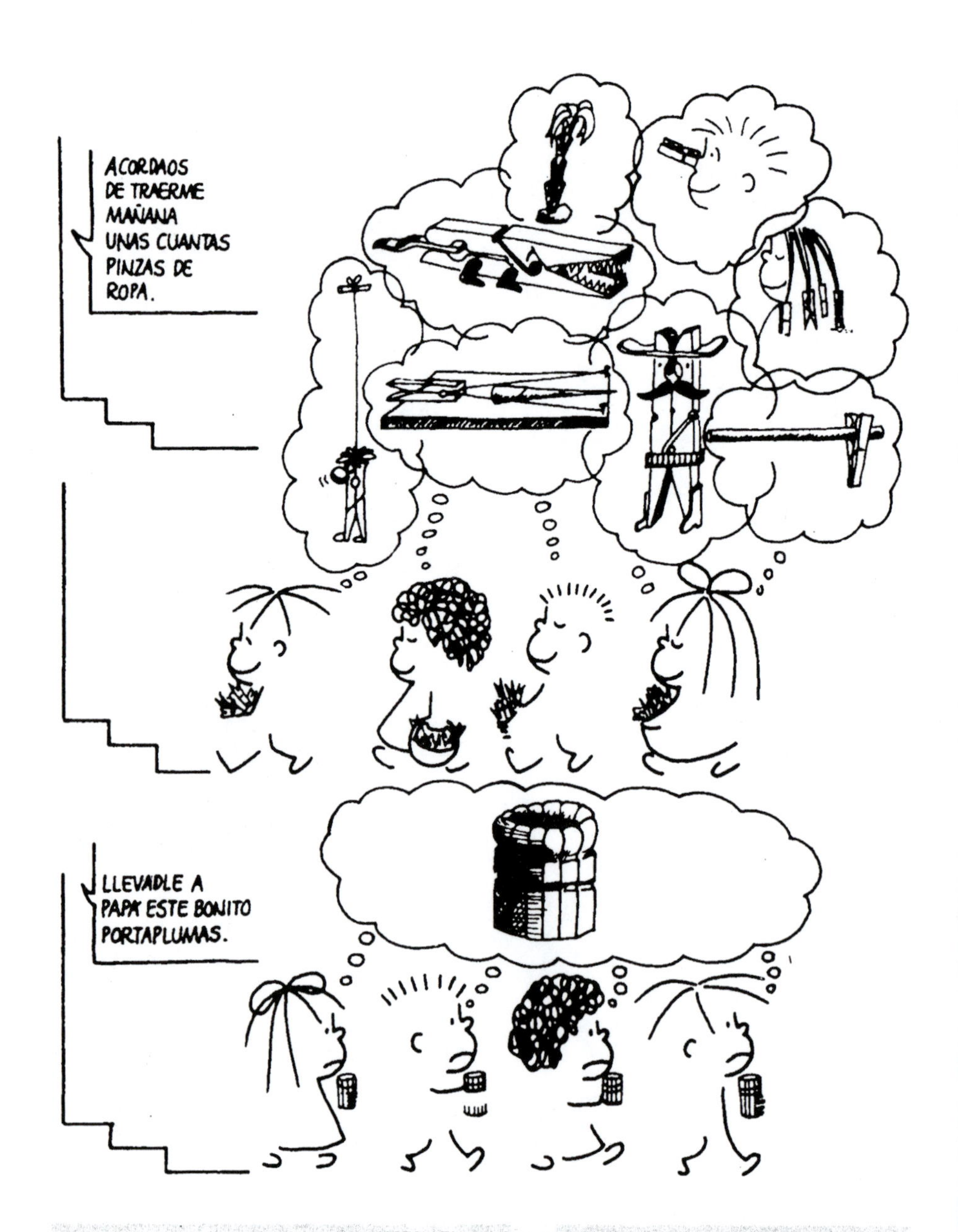

(1978) El trabajo manual

SI AMAR HACE AMADO, SI COMER HACE COMIDO, SI PARTIR HACE PARTIDO, SI SALIR HACE SALIDO, QUIERE DECIR QUE HAY DOS GRUPOS DE VERBOS: LOS ACABADOS EN -AR, CON PARTICIPIO EN -ADO, Y LOS DEMAS EN -IDO. POR LO TANTO, DESCUBRIR HARA...

¡HE DESCUBRIDO!

¡¿DESCUBRIDO?!
SE DICE
DESCUBIERTO
¿DESCUBIERTO?

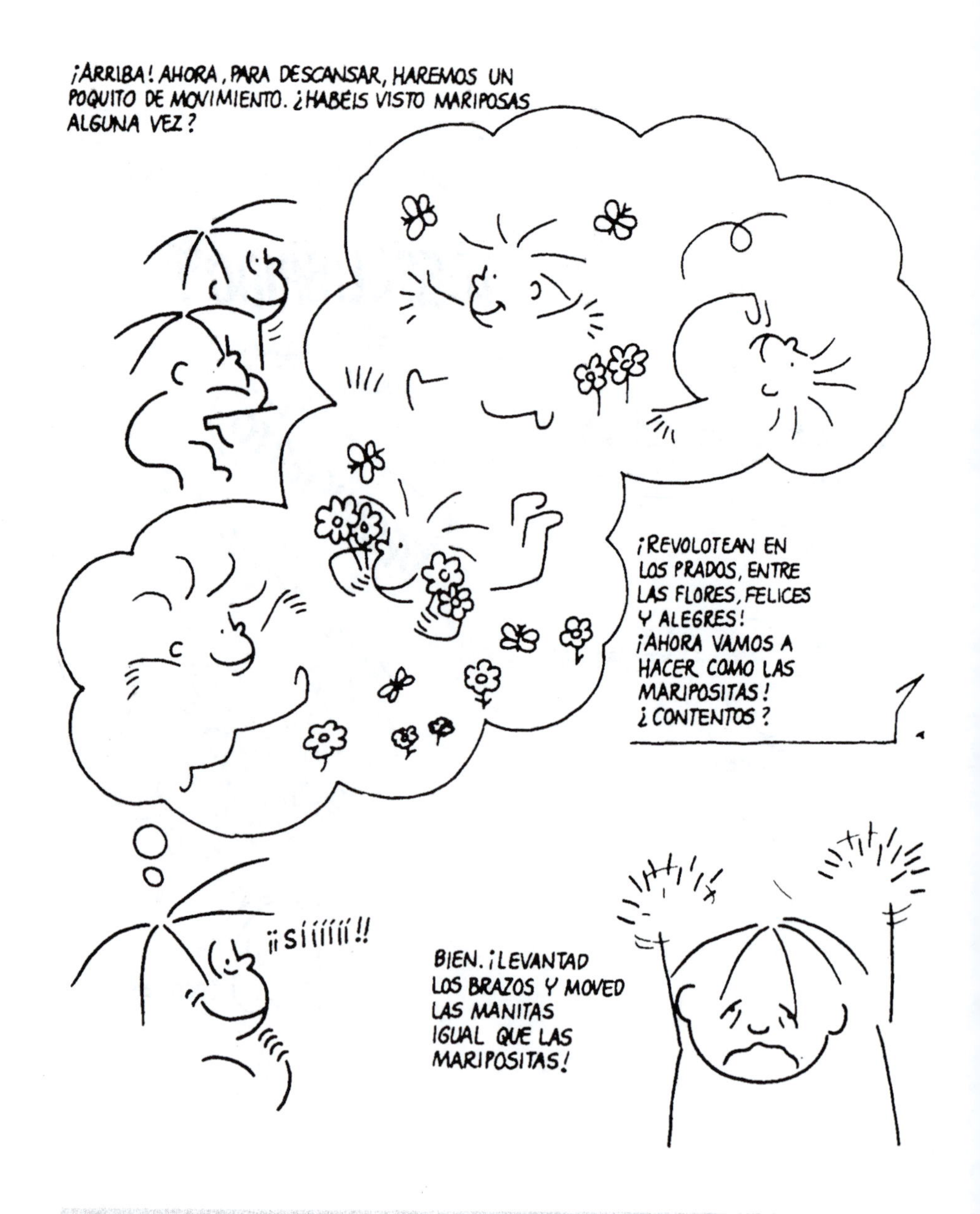

(1976) Las maripos itas

(1977) El trabajo manual

(1977) La plastilina

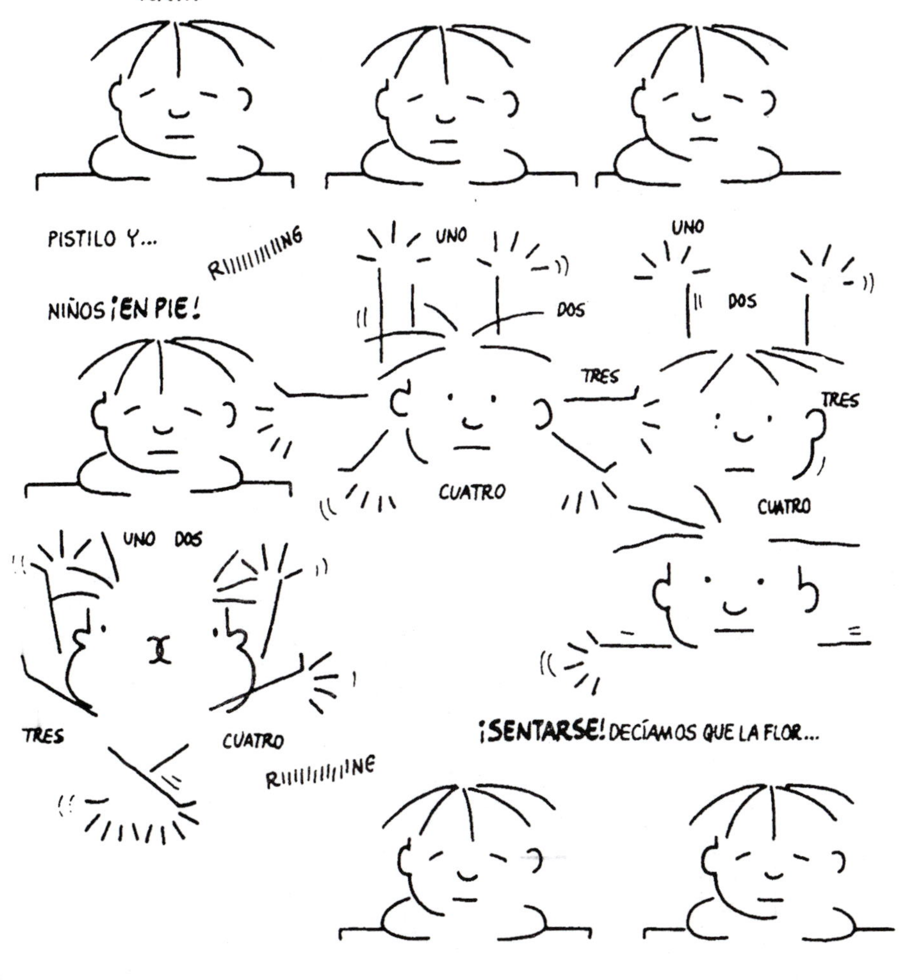
...EN PRIMAVERA LAS PLANTAS GERMINAN... ES DECIR, SACAN UNOS BOTONCITOS, LAS YEMAS, QUE SE CONVERTIRÁN EN FLORECILLAS Y EN HOJITAS. LA FLOR ESTÁ FORMADA POR...
PISTILO Y...
RIIIIIIIIIING
NIÑOS ¡EN PIE!
UNO
DOS
TRES
CUATRO
UNO
DOS
TRES
CUATRO
UNO DOS
TRES
CUATRO
RIIIIIIIIINE
¡SENTARSE! DECÍAMOS QUE LA FLOR...

(1977) Diez minutos al día de «psicomotricidad»

(1977) **Educación sexual. 1**

(1978) Educación sexual. 2

ÁNIMO. DINOS EL CUENTO QUE TE HAS INVENTADO
...HABÍA UNA VEZ UN GATITO GUAPO Y BUENO QUE TENIA UNA... MAMÁ MALÍSIMA QUE LO ENVIABA...
..SIEMPRE AL PARVULARIO DONDE HABÍA UNA MAESTRA MALA QUE...
¡¡BASTA!!
DEBE DE HABER ENTENDIDO EL TRUCO

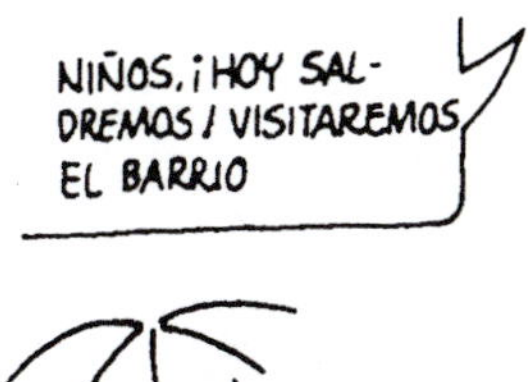
NIÑOS, ¡HOY SAL-
DREMOS / VISITAREMOS
EL BARRIO

VAMOS... EN FILA DE A DOS

DAOS LA MANITA... NO OS DISTRAIGAIS...

...NO BAJÉIS DE LA ACERA

AHORA VOLVEREMOS A CLASE Y CADA
UNO DIBUJARÁ LO QUE RECUERDE...

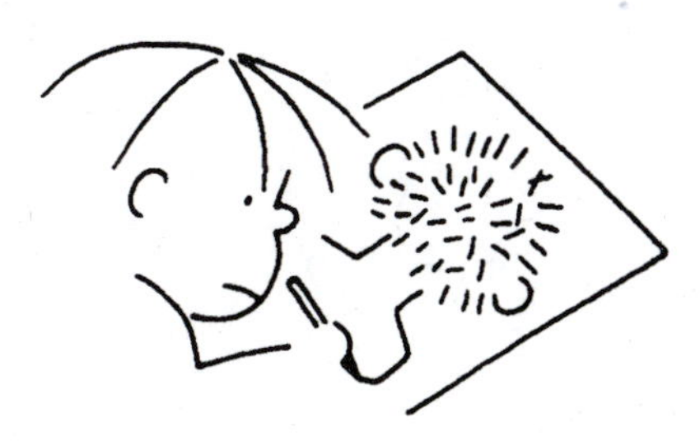

(1978) **Las salidas instructivas**

QUERIDOS NIÑOS, HOY JUGAREMOS CON LAS CANTIDADES. DENTRO DEL CÍRCULO GRANDE HAY CUBITOS, EN EL CÍRCULO PEQUEÑO HAY PELOTITAS. ¿DÓNDE HAY MÁS? SI PONGO UNA PELOTA JUNTO A UN CUBO VEIS QUE SOBRAN CUBOS... ESTO QUIERE DECIR QUE ENTONCES...
PERO, ¿QUÉ DICE?
NADA, TRATA DE EXPLICARNOS DE MANERA FÁCIL QUE 6 ES EL DOBLE DE 3

(1978) Los conjuntos para entender mejor

(1979) ¿Animación o reanimación?

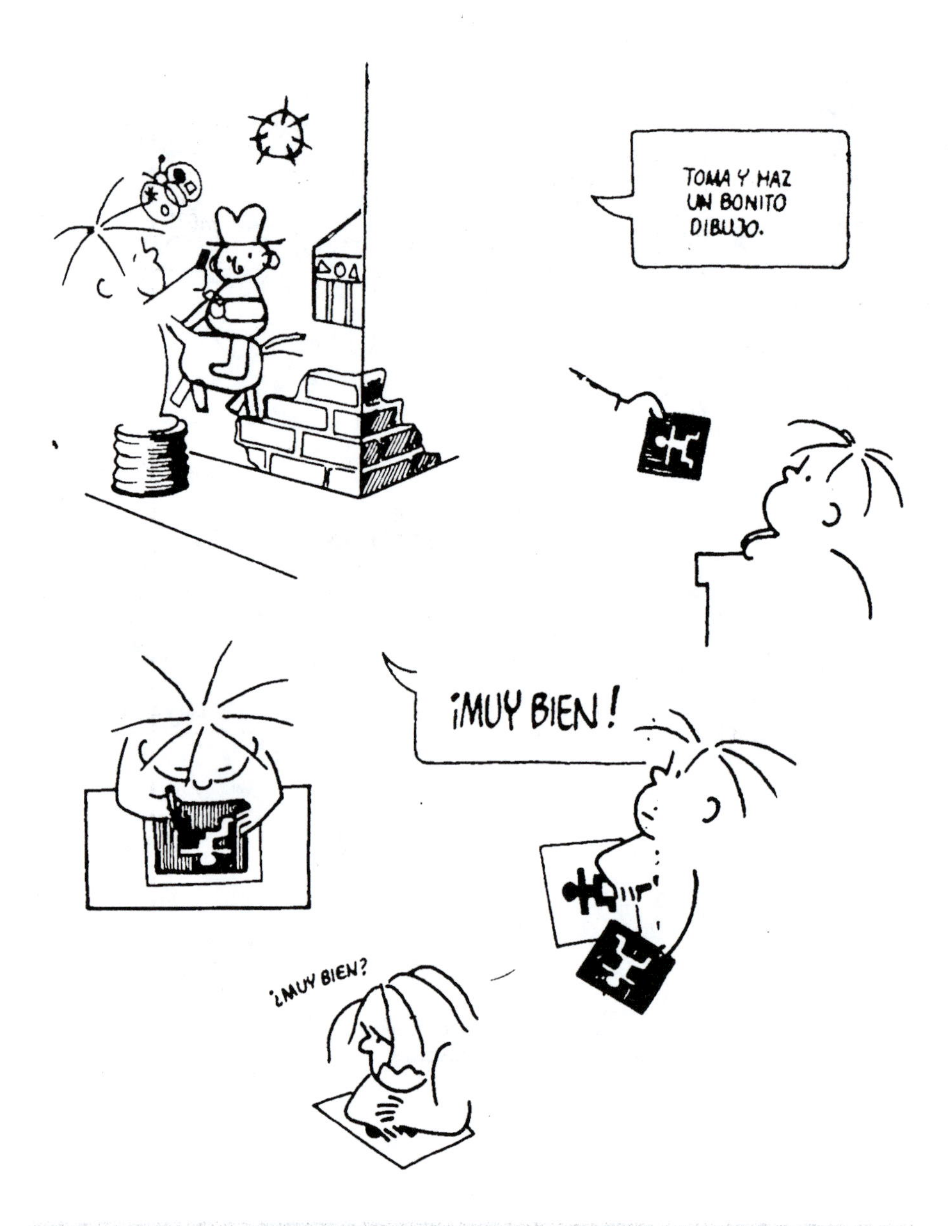

(1975) La plantilla

(1979) El oficio del padre

(1979) Homenaje a J. Piaget

(1974) El niño tiene un cuerpo y una historia

EL CICLO INICIAL

ESCUELA OBLIGATORIA
CLASES DIFERENCIALES Y ESPECIALES - RETRASOS - TRABAJO DE MENORES - DROGAS - BAR - IGNORANCIA
DESECHOS

(1970) La máquina de la escuela

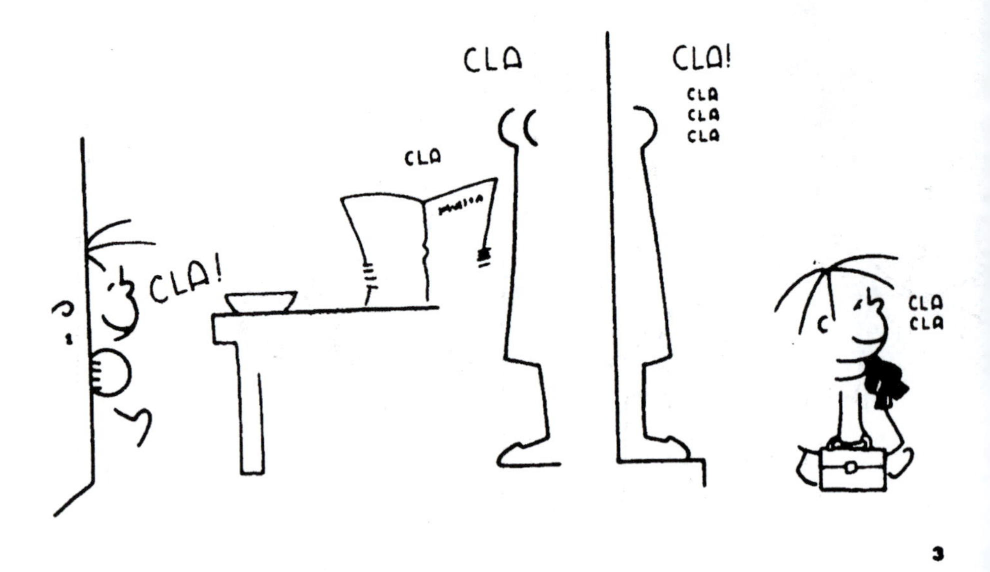

3

CLA!
CLA
CLA
CLA
CLA
CLA!
2

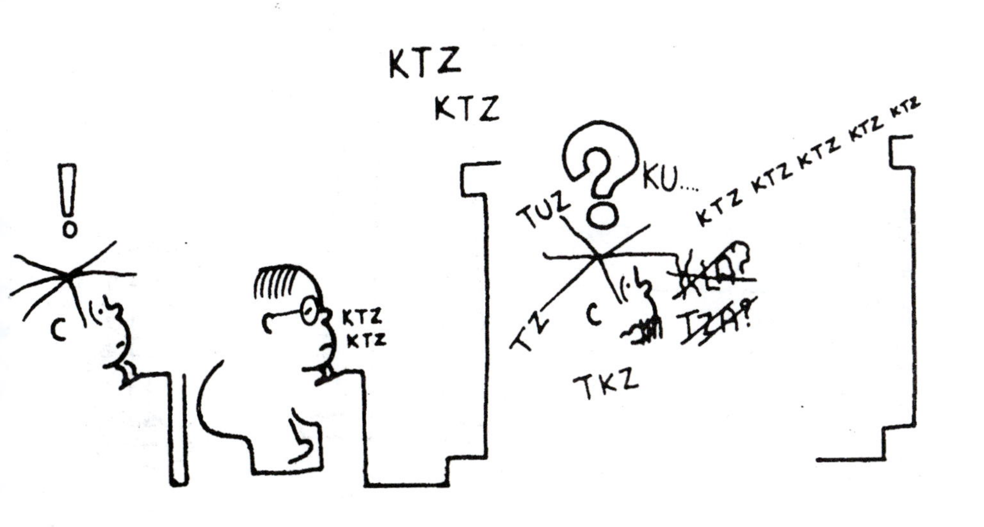
KTZ
KTZ
!
KTZ
KTZ
?
TUZ
KU....
KTZ KTZ KTZ KTZ KTZ
TZ
TKZ
4

KLAZ ?!
KTZ
KTZ
KTZ?
KTZ!
KTZ
CLA
KTZ
KTZ KTZ
KTZ....
.... CLA
....
6

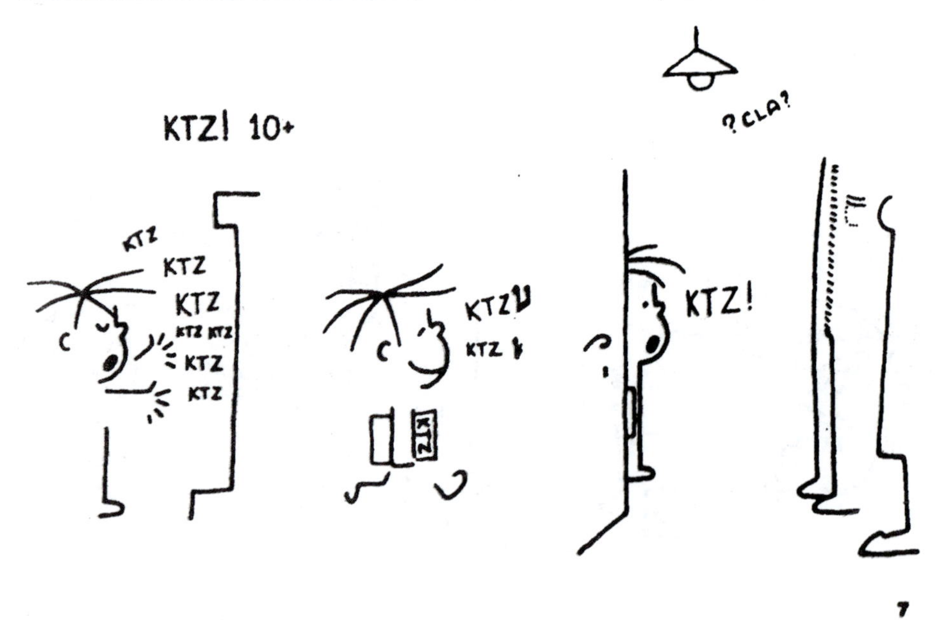
KTZ! 10+
KTZ
KTZ
KTZ
KTZ KTZ
KTZ
KTZ
KTZ
KTZ
KTZ
?CLA?
KTZ!
7

KTZ!
CLA
KTZ
KTZ

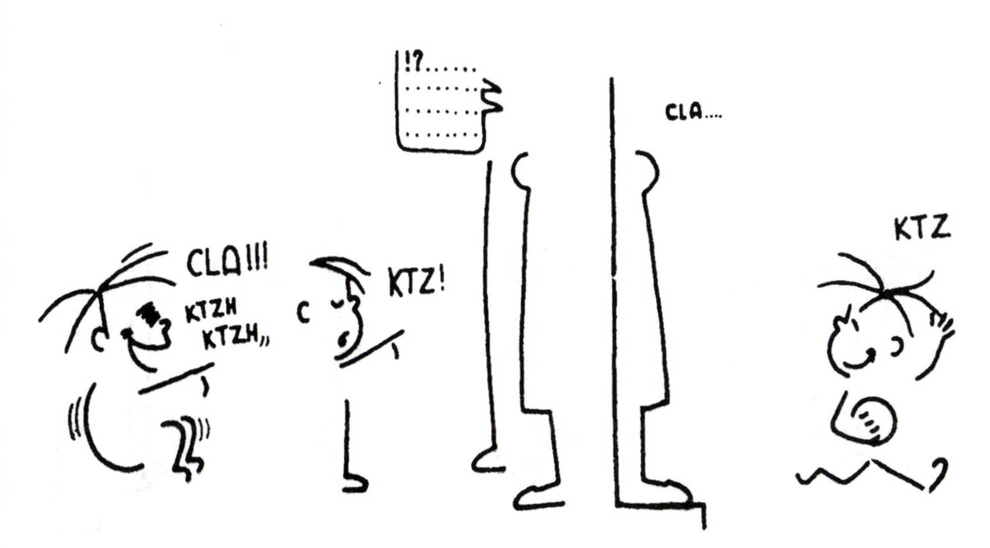
!?......
CLA....
CLA!!!
KTZH
KTZH,,
KTZ!
KTZ

11

KTZ!
KTZ
?
CLA
CLA!
CLA
CLA?
10

ESCUELA
12

ESCUELA
KTZ
KTZ
13

14

(1970)

(1974) En la escuela el cuerpo no se usa

(1968) El sitio en la clase

ESCUELA
El niño presenta graves dificultades en su socialización, prefiere aislarse. Se sugiere inserción en clase especial.
La maestra

(1977) La socialización

(1968) La frase. 1

(1968) La creatividad. 1

(1980) Los amigos

(1974) Los sumandos

(1975) El descanso

¡ME DEBES DOS CARAMELOS! ¡A ÉL LE HAS DADO CINCO Y A MÍ SÓLO TRES!
TE DOY CUATRO DE CIEN.
ENTONCES YO TE DARÉ TRES DE CINCUENTA, DOS DE CIEN, Y UNO DE SETENTA Y CINCO. Y ME DEBERÁS UNO DE VEINTI-CINCO.
HAZ ESTA SUMA
3
+5
3
+5

(1974) La suma

(1974) Escuela activa. 1: la investigación

(1968) La creatividad. 2

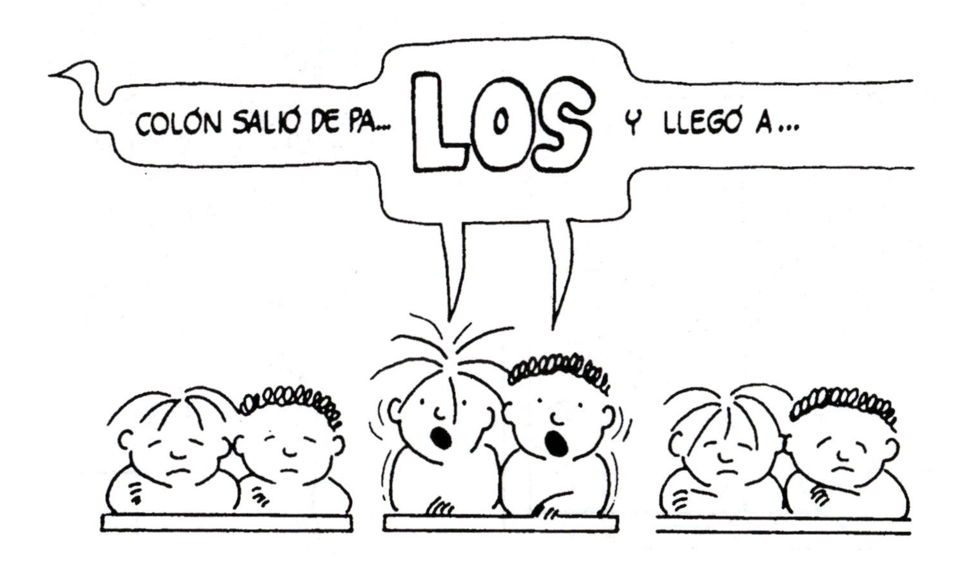

(1975) Escuela activa. 2

(1968) Las moscas

ESTA NOCHE IRÉ...

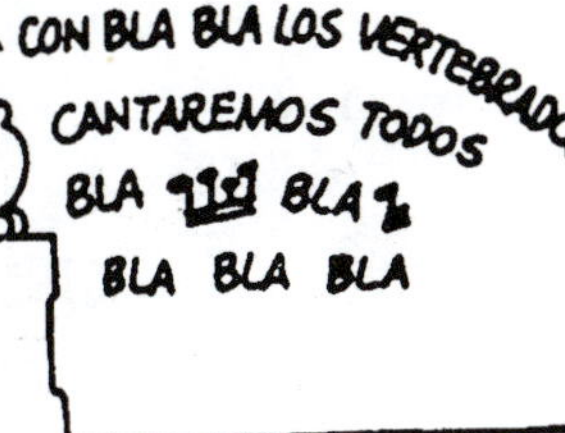

...AL CINE CON JUAN...

(1971)

TODOS Y SIEMPRE, CUANDO HABLAMOS, USAMOS LOS TRES ELEMENTOS FUNDAMENTALES QUE OS HE EXPLICADO DURANTE ESTE MES: SUJETO, VERBO Y PREDICADO. AHORA QUE CADA UNO DIGA LA FRASE QUE MÁS LE GUSTE...

LUIS COMPRA UN HELADO

YO LEO UN LIBRO

GUILLERMO JUEGA A LA PELOTA

(1974) La frase. 2

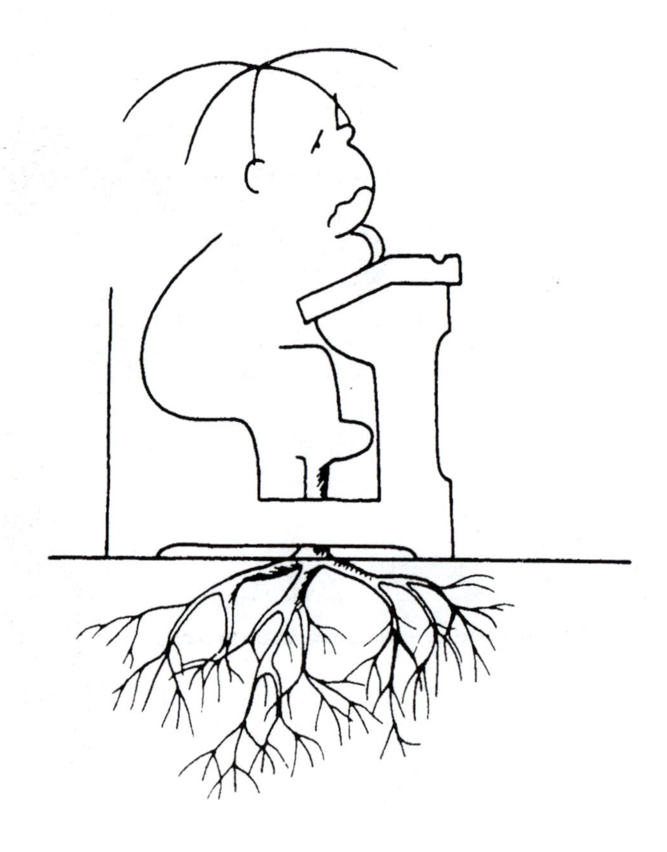

(1974) El peligro de ocho horas de mala escuela

(1974) El peligro de ocho horas de buena escuela

(1970) La elección

(1970) La diferencia

EL SERVICIO MÉDICO

PSICOPEDAGÓGICO

¡TEST UNO! ¡ELEVA LA ZURDA!

¿TEST?
UNO...
¿ZURDA?
¿ELEVA?

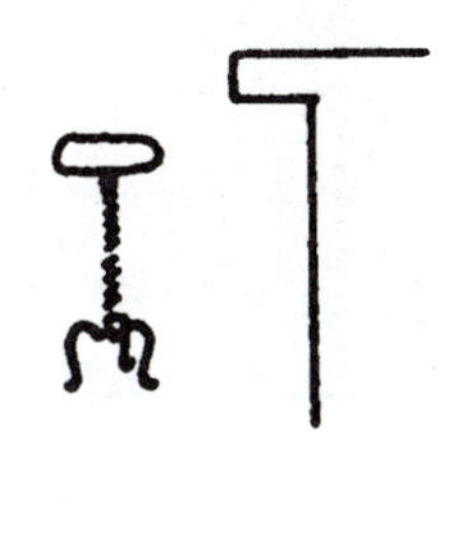
RETRASO GRAVE. SE ACONSEJA AULA ESPECIAL.

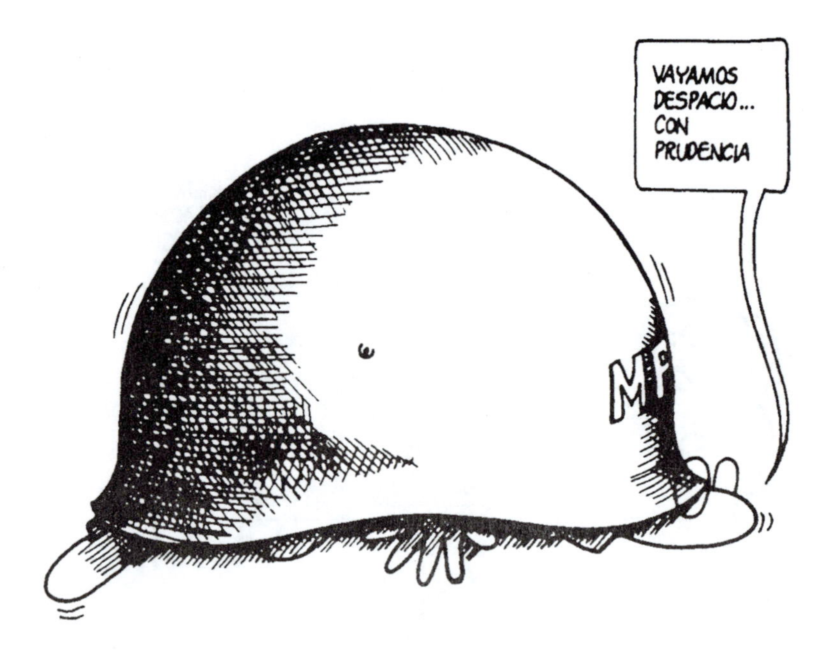

(1976) ...con prudencia

(1976) El equipo sigue y garantiza discretamente la integración

(1976) Terapia

(1976) Hay que apoyar al profesor

(1977) ¿Cuál es el niño sordo?

(1977) Construccion de un niño sordo y mudo

(1976) Hay que localizar a los diferentes

(1976) M.P. y eϛcuela eϛpecial

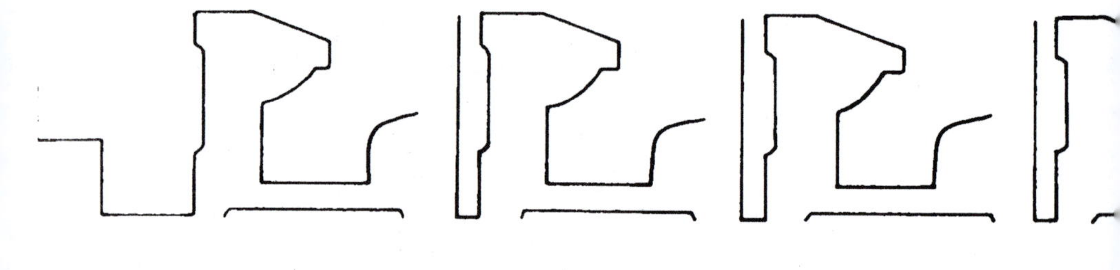

EL OFICIO

DE MAESTRO

(1980) Para enseñar en preescolar, tres años bastan

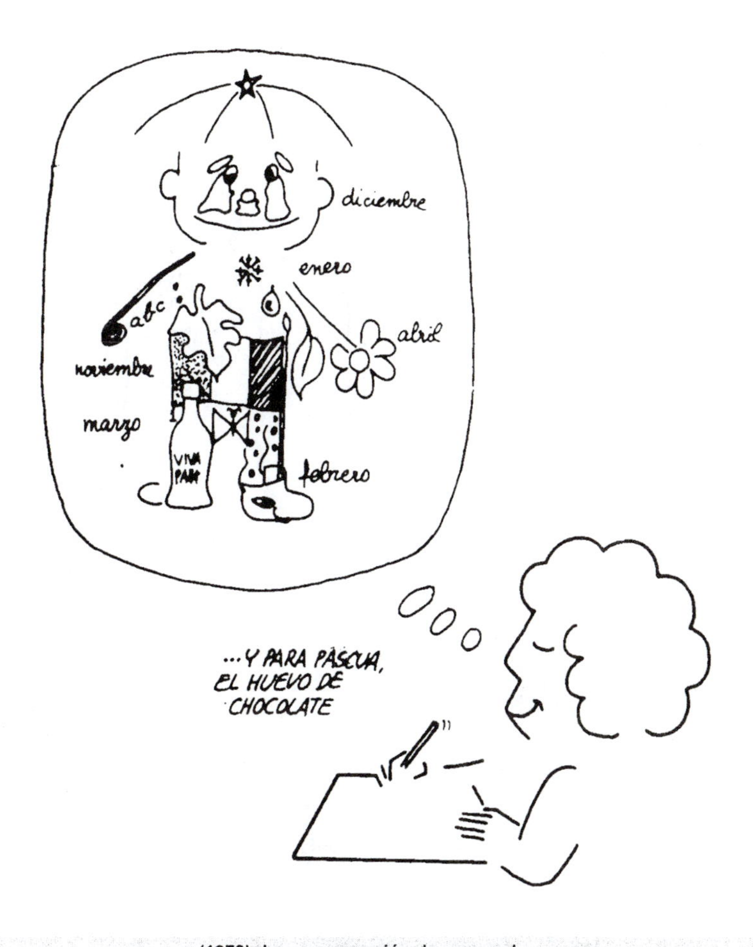

(1979) La programación de preescolar

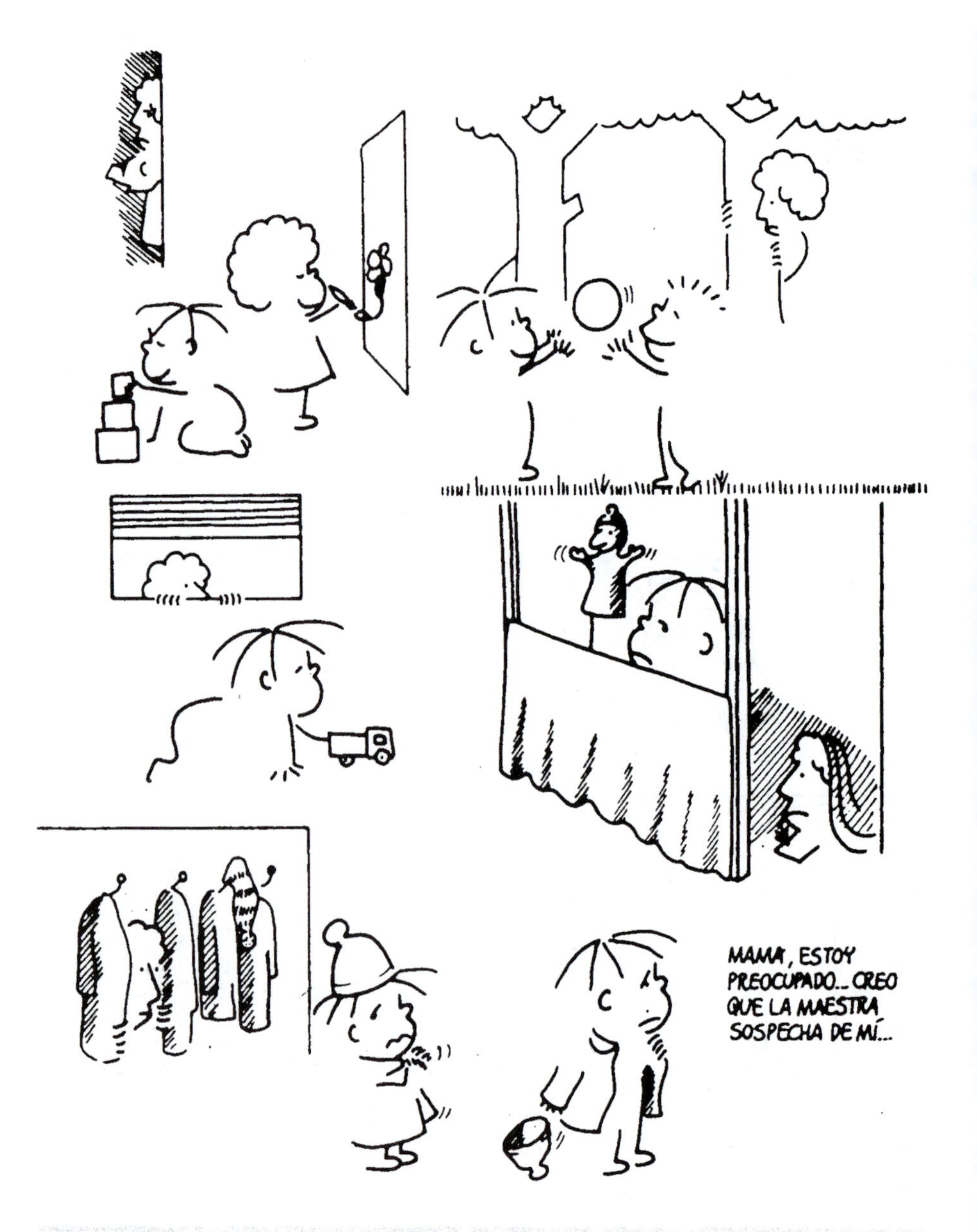

(1979) «Hay que observar atentamente el comportamiento del niño»

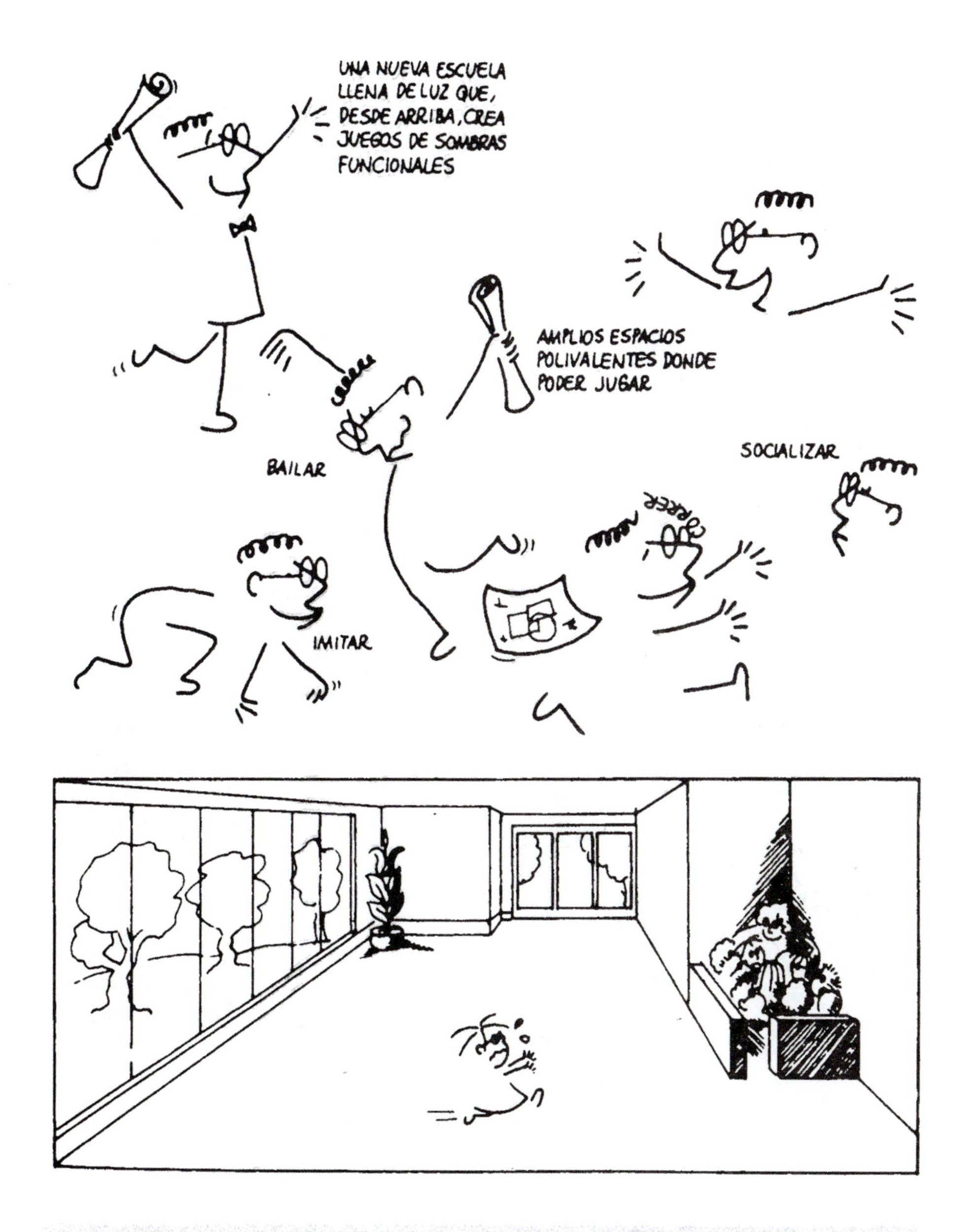

(1979) El arquitecto: un espacio para el niño

(1975) El oficio de maestro

(1978) El horario

Luis es demasiado vivaracho
Ana es desordenada
Pedro es abúlico
José es un hipodotado
Carlos es un caracterial
Luisa es demasiado tímida
Mercedes es una maleducada
Sólo Juan es normal
Firmado: la maestra

(1974) La evaluación. 1

(1978) La evaluación. 2: de la evaluación numérica a la ficha

(1976) «He adoptado un libro»

(1980) ¡Adiós, escuela!

ENTRE CASA

Y LA ESCUELA

(1975) Escuela y familia deben uniformar sus actitudes educativas

(1975) La gestión social

(1978) El territorio-escuela

(1978) El niño y la ciudad

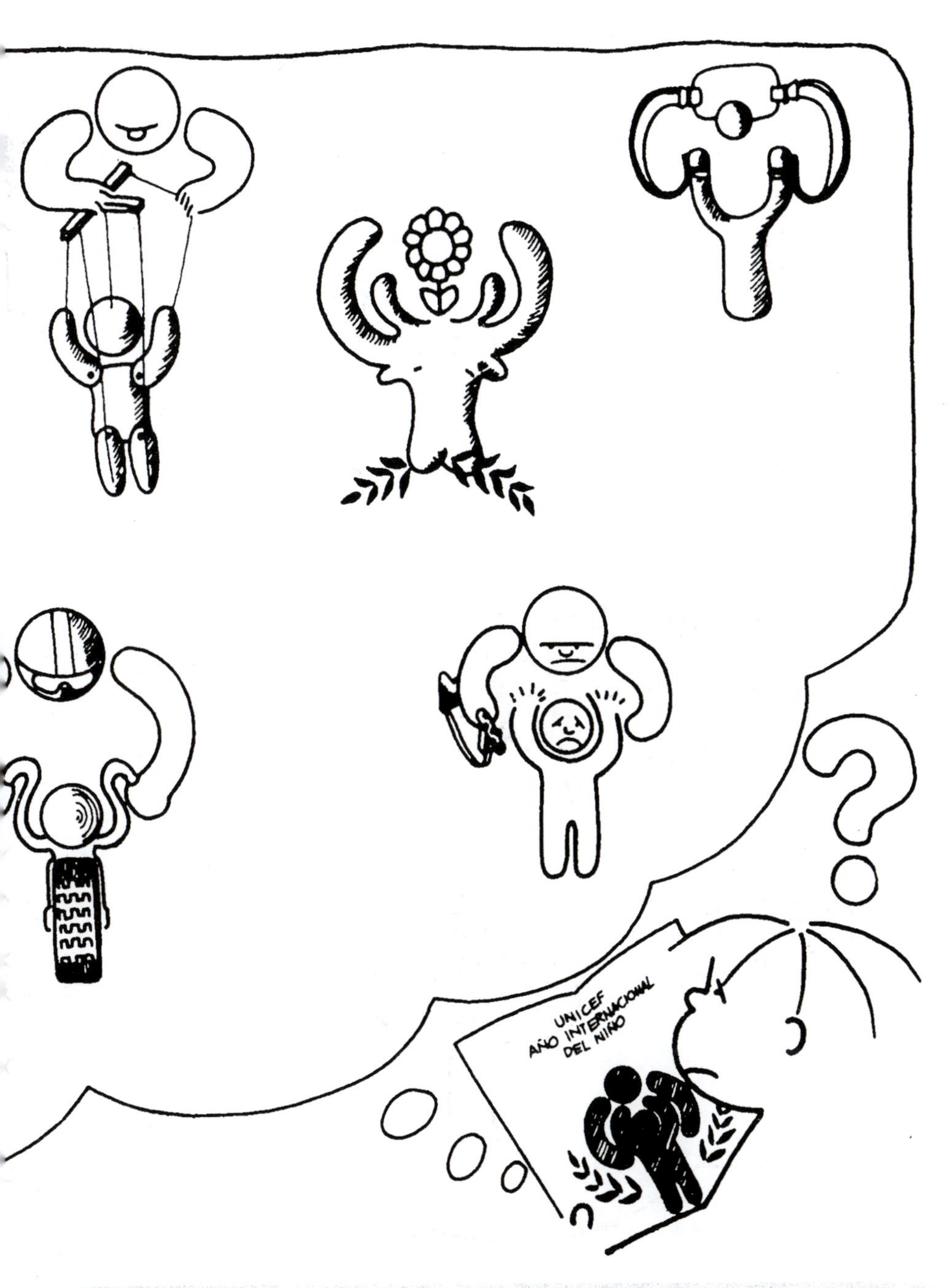

(1979) Año internacional del niño: la ambigüedad de un símbolo

(COLOREAR LAS HOJAS Y LAS RAMAS DE VERDE)

(1978) Pero un día... los pupitres florecerán

Índice

FRATO 88

Se terminó de imprimir en
Artes Gráficas Piscis S.R.L., Junín 845,
(C1113AAA) Buenos Aires, Argentina.
Mes de Junio de 2005